Für Papa

Lucie Hášová Truhelková

Der Opa mit der ROSA HOSE

Illustriert von Andrea Tachezy

Aus dem Tschechischen von Mirko Kraetsch

ACHSE

Es war einmal ein alter Mann.

Oft zog er ein finsteres Gesicht, er mochte andere Leute nicht so sehr, und die Leute konnten ihn nicht besonders leiden.

Seiner Frau kaufte er zum
Geburtstag niemals Rosen.

Obwohl er wusste,
dass sie dann traurig war.

Niemand durfte das Wasser
aus der Badewanne lassen.
Immer schöpfte er zwei
große Eimer voll heraus.

Die stellte er dann neben die Toilette
und verwendete sie zum Spülen.
Seine Frau schämte sich deswegen,
jemanden zu Besuch einzuladen.

Nie warf er den Abfall mit der Plastiktüte weg. Die schüttete er nur aus und hängte sie dann wieder in den Mülleimer hinein.

Obwohl er wusste, dass die Tüte schon ganz schmuddelig war und seine Frau sich davor ekelte.

Immer, wenn seine Frau ihn fragte, was er zum Abendessen möchte, wusste sie schon, was er ihr antworten würde.

„Ich esse, was weg muss."

Und wenn er mal mitbekam, dass sie einen abgelaufenen Joghurt weggeworfen hatte, ärgerte er sich.

Wenn ihn seine Frau bat, aussortierte
Sachen zum Altkleidercontainer zu bringen,
tat er das nicht.

Stattdessen nahm er sie mit in die Garage und schaute sie noch einmal durch.

Einmal fand er eine alte, längst aus der Mode gekommene rosa Hose seiner Frau und behielt sie für sich.

08

Er ging damit Brot holen
und die Zeitung kaufen.

Die anderen Leute lachten wegen der
Hose hinter seinem Rücken über ihn.
Und seine Frau wäre vor Scham am
liebsten im Boden versunken.

Eines Morgens, als der Mann mit der rosa Hose mit frischen Brötchen vom Einkaufen zurückkam, klingelte sein Telefon.

Er ging ran, hörte eine Weile zu und fing dann an zu weinen. Soeben war sein Enkel zur Welt gekommen. Ein kleiner Junge.

Von diesem Tag an sahen die Leute den Mann mit der rosa Hose immer mit einem Kinderwagen auf der Straße.

Jeden Tag, sobald es Mittag geschlagen hatte, drehte er mit dem kleinen Jungen eine Runde.

Jeden Tag. Auch wenn es regnete, fror, schneite oder ein Unwetter tobte.

Der Opa mit der rosa Hose schob den Kinderwagen vorsichtig vor sich her, lächelte hinein und unterhielt sich die ganze Zeit mit dem kleinen Jungen.

Als der Junge ein bisschen größer geworden war und nicht mehr in den Kinderwagen passte, hielt ihn sein Großvater bei den Spaziergängen an der Hand.

Der alte Mann mit der rosa Hose ging langsam den Weg entlang, der kleine Junge hielt sich fest und tippelte nebenher.

Die ganze Zeit unterhielten sich die beiden.

Einmal, als der Junge noch ein bisschen größer war, schaute er seinen Opa bei einem Spaziergang an und fragte ihn:

„Opa? Warum bist du zu mir so nett und zu den anderen so garstig?“

Der Mann war verblüfft.
Und der kleine Junge redete weiter:

„Warum kaufst du Oma keine Rosen?

Warum muss sie auf Toilette mit dem
Eimer nachspülen?

Und warum erlaubst du ihr nicht,
dass sie die alte Hose da wegwirft?“

Der Mann schwieg lange.
„Das ist so“, antwortete er schließlich.
„Die Blumen werden bis hierher ins Geschäft
über den halben Erdball transportiert.
Das ist schädlich fürs Klima.

Und dort, wo sie gezüchtet werden, werden
sie mit besonderen Chemikalien besprüht, damit
sie schön aussehen und den Leuten gefallen.

Bloß – die Leute, die dort leben, werden
von diesen Chemikalien schwer krank.

Das Wasser, das bei uns zu Hause beim Spülen in die Toilette fließt, ist Trinkwasser. Aber auf der Welt gibt es so viele Menschen, die nicht einmal so gutes Trinkwasser haben, damit sie ihren Durst stillen können.

Wenn ich an diese Menschen denke, bring ich es nicht fertig, das frische Wasser in den Abfluss zu spülen. Deswegen kippe ich solches Wasser hinein, das wir vorher schon irgendwie benutzt haben.

Die Tüten, in die wir unseren Abfall werfen, sind aus Plastik. Wenn man die in die Natur schmeißt, bleiben sie einfach dort liegen. Bevor sie sich zersetzen und verschwinden, vergehen viele, viele Jahre.

Ich kann mich erinnern, wie ich einmal an einer riesigen Mülldeponie vorbeigefahren bin. Fetzen von solchen Tüten sind über ihr geschwebt wie Gespenster. Und der Wind hat sie in alle Richtungen davongeblasen, in die Wälder und auf die Felder in der Umgebung.

Ich würde mir sehr wünschen, dass alle Menschen auf der Welt einen Kühlschrank voll mit Essen haben. Bloß – während die einen so viel Joghurt, Käse und Fleisch haben, dass sie es gar nicht schaffen, alles aufzubrauchen, knurrt anderen auf der Erde vor Hunger der Magen.

Ich bringe es nicht übers Herz, einen zwei Tage abgelaufenen Joghurt in den Müll zu schmeißen, wenn es woanders Menschen gibt, die dafür alles geben würden, was sie haben.

Na, und die Hose hier trage ich, weil sie vielleicht einmal genau so ein kleiner Junge genäht hat, wie du einer bist. Der in einer Fabrik arbeiten musste, damit seine Familie etwas zu essen hat.

Wenn ich sie wegwerfen würde, dann würde Oma mir eine neue kaufen. Aber ich will nicht noch so eine Hose haben."

Der Junge dachte nach. „Ach so. Das versteh ich. Aber ich würde das bestimmt nicht schaffen. Mich würde das stören, was die anderen Leute dann vielleicht über mich denken, dass ich garstig bin und lächerlich."

Der alte Mann mit der rosa Hose
schaute den Jungen lange an:

„Es kommt nicht darauf an, was fremde Leute über dich denken. Wichtig ist nur, was der denkt, für den du das alles machst. Dein Enkel.“

Der Opa mit der rosa Hose

Lucie Hášová Truhelková & Andrea Tachezy
Aus dem Tschechischen von Mirko Kraetsch

Satz und Layout (innen): Johann Jacoby
Umschlaggestaltung: Sarah Fuchs
Druck und Bindung: FINIDR, Tschechische Republik
Printed in the European Union

ISBN: 978-3-903408-34-0

Rooseveltplatz 12
AT-1090 Wien
office@achseverlag.com
www.achseverlag.com

1. Auflage, 2025

Gefördert von der Stadt Wien Kultur

Von der Europäischen Union finanziert. Die geäußerten Ansichten und Meinungen entsprechen jedoch ausschließlich denen des Autors bzw. der Autoren und spiegeln nicht zwingend die der Europäischen Union oder der Europäischen Exekutivagentur für Bildung und Kultur (EACEA) wider. Weder die Europäische Union noch die EACEA können dafür verantwortlich gemacht werden.

Co-funded by the European Union

MINISTRY OF CULTURE CZECH REPUBLIC

This publication has been supported by the Ministry of Culture of the Czech Republic.

Product footprint CO_2 Neutral PBN-CFMCP-015258 www.preferredbynature.org

FSC www.fsc.org MIX Papier aus verantwortungsvollen Quellen FSC® C014138

Original title "Dědeček v růžových kalhotách"

www.albatrosmedia.eu

Der Einband des Buches besteht aus einem Naturmaterial, das sich je nach Temperatur und Luftfeuchtigkeit bewegt und daher zu einem leichten Aufbiegen des Covers führen kann.

© ANDREA SCHUH

Hallo!

Ich bin Mirko Kraetsch und habe dieses Buch übersetzt. Ursprünglich ist es nämlich in Tschechien erschienen. Ich habe viel darüber nachgedacht, wie ich die tschechischen Sätze so übersetzen kann, damit ihr sie nicht nur verstehen könnt, sondern damit sie auch auf Deutsch gut klingen. Und das ist manchmal echt kniffelig! Aber ich bekomme dabei auch Hilfe, weil die Menschen im Verlag den von mir übersetzten Text auch lesen und immer gute Ideen haben, ihn noch besser zu machen.

Schon seit über zwanzig Jahren ist das Übersetzen mein Beruf. Übersetzer wollte ich werden, weil ich so viele schöne tschechische Bücher gelesen habe – diese Sprache verstehen aber meine Freundinnen und Freunde in Österreich und in Deutschland nicht, und deswegen konnte ich ihnen die Bücher nicht zu lesen geben, damit sie genauso begeistert sind wie ich. Also habe ich die Bücher eben übersetzt.

Besonders spannend an meinem Beruf finde ich, dass ich jedes Mal wieder in eine ganz neue Geschichte, eine ganz neue Welt eintauche, in der ich mich richtig gut zurechtfinden und auskennen muss, damit ich die Geschichte dann genauso schön auf Deutsch nacherzählen kann.

AUCH VON MIRKO KRAETSCH ÜBERSETZT:

Greta
Andrea Gregušová & Nastia Sleptsova

Der allergrößte Wunsch
Ester Stará & Daniela Olejníková

Donau. Ein magischer Fluss
Michal Hvorecký & Simona Smatana

Liebe Kinder!

Wir sind das Team vom ACHSE Verlag, einem kleinen Kinderbuchverlag aus Wien. Das ist die Hauptstadt von Österreich. Wir freuen uns, dass ihr dieses Buch in euren Händen haltet. Denn: Es ist ganz besonders und hat schon eine weite Reise hinter sich. Unsere Arbeit im Verlag ist es, Bücher zu veröffentlichen. Dazu gehören viele verschiedene Aufgaben, und es gibt immer etwas Neues zu lernen. Es geht darum, tolle Geschichten und fantastische Bilder zu entdecken und in ein Buch zu verwandeln.

Das Buch „Der Opa mit der rosa Hose“ wurde zum ersten Mal in Tschechien von einem Verlag namens ALBATROS veröffentlicht. Tschechien liegt zwar direkt neben Österreich, aber trotzdem kommen nur wenige Bücher aus diesem Land zu uns. Uns hat es so gut gefallen, dass wir die Übersetzungsrechte gekauft haben, damit es auch auf Deutsch erscheinen kann. Wir haben Mirko Kraetsch, den ihr ja oben schon kennengelernt habt, mit der Übersetzung beauftragt und gemeinsam mit ihm daran gearbeitet. Unsere Grafikdesigner*innen Sarah Fuchs und Johann Jacoby haben sich darum gekümmert, dass die Buchseiten schön aussehen. Ihr seht schon, die Arbeit im Verlag ist eine gemeinsame Teamarbeit.

Habt ihr schon mal von der Europäischen Union oder der EU gehört? Das ist eine große Vereinigung von vielen Ländern, die zusammenarbeiten. Die EU unterstützt viele spannende Projekte, und sie hat uns auch Geld für dieses Übersetzungsprojekt gegeben. Damit können wir „Der Opa mit der rosa Hose“ in die Welt schicken – in Buchhandlungen, Bibliotheken und sogar zu euch nach Hause!

Zum Entdecken gibt es noch einiges – auch viele andere Bücher aus unseren Nachbarländern. Schaut doch mal in den Büchern bei euch zu Hause, aus welchen Ländern sie ursprünglich kommen! Wir wünschen euch viel Spaß beim Lesen.

Dieses Buch wurde im Rahmen der Programmreihe CREATING NEIGHBOURHOOD veröffentlicht. In dieser Schiene verlegen wir übersetzte Kinderbücher aus Österreichs Nachbarländern Italien, Slowenien, Slowakei, Tschechien und Ungarn. Das Projekt wurde von der Europäischen Union kofinanziert und wir sind dankbar, damit wunderbare Bilderbücher aus Europa zu uns holen zu können.

Co-funded by the European Union